Du musst nicht jedem gefallen

So wird dir egal, was andere denken

Selbstbestimmter leben

Impressum:

Auflage 04/2022

ISBN: 9783754649268

Email: dwerner@buch-autoren.de

D.Werner

c/o Werneburg Internet Marketing und Publikations-Service

Philipp-Kühner-Straße 2

99817 Eisenach

Gestaltung: M.M. Photography

Bilder:Pixabay.com / Shutterstock Photography

Herstellung und Druck über tolino media GmbH & Co. KG,
Albrechtstr. 14, 80636 München. Printed in Germany.
Fragen zu Produktsicherheit an: gpsr@tolino.media.

D. Werner

Du musst nicht jedem gefallen

So wird dir egal, was andere denken

Selbstbestimmter leben

Inhaltsverzeichnis

Vorwort

Liebe Leserin, werter Leser,

ich freue mich sehr, mit dir über dieses Buch in einen Dialog einzutreten, den wir sicher beide genießen werden. Es geht um die Frage, wie wir gleichzeitig unser eigenes Leben verwirklichen können und ein harmonisches Miteinander mit den Menschen aus unserer Umgebung gestalten können. Diese Frage stellt sich jeder Mensch, der Freundschaften, Beziehungen und verlässliche Bindungen sucht.

Das Leben ist von vielen Fragen und Unsicherheiten begleitet. Es gibt keine Patentrezepte und auch keine kleinen rosa Pillen, die uns glücklich und klug machen. Wir sind verpflichtet, unsere eigenen Erfahrungen selbst zu machen und zu lernen. Wir können es aber auch lassen, nur dann passiert nichts, außer, dass alles beim Alten bleibt.

Was genau sind die Fragen, die die meisten Menschen umtreiben? Sie ergeben sich aus den beiden Grundsehnsüchten, die jeder von uns seit seiner Geburt hat.

Wachstum und Verbundenheit.

Mit diesen beiden Sehnsüchten befinden wir uns in der Klemme. Wir wollen wachsen, uns entwickeln und uns entfalten. Gleichzeitig wollen wir die Nähe zu unseren Lieben nicht verlieren. Wir wollen zu anderen Menschen passen und spüren gleichzeitig die Dynamik in uns, uns auf den Weg zu unserer Selbstverwirklichung zu begeben. Das lässt Ängste entstehen. Viele von uns erleben diesen Zwiespalt als eine lebenslange Tragödie. Es beginnt schon sehr früh in der Kindheit. Das Kind will die Nähe zu seiner Mutter unbedingt aufrecht halten. Doch sobald es beginnt, zu krabbeln, erwacht die Neugier. Es krabbelt aus dem Raum und verliert den Sichtkontakt zur Mutter. Es hat sich entwickelt und dafür mit Verbundenheit bezahlt. Es beginnt zu weinen und wird sich nun verstärkt versichern, dass die Mutter noch im Blickfeld ist. Doch schon bald beginnt das Spiel von Neuem. Das Kind spürt sein Wachstumsbedürfnis und entfernt sich. Es erschrickt und krabbelt zurück in die Nähe der Mutter. Ein kleines Drama, dass sich in vielen weiteren Lebensbereichen wiederholt.

Es gibt noch eine zweite Variante dieses Musters. Betrachten wir einen Teenager, der beginnt, sich von seinen Eltern abzunabeln. Er testet sich und seine Fähigkeiten aus. Dafür könnte er, wenn er zum Beispiel nächtelang wegbleibt, den Unmut seiner Eltern ernten.

Scheinbar steht er über den Dingen, doch in Wirklichkeit wünscht er sich von seinen Eltern Liebe und Anerkennung. Gleichzeitig muss er dafür sorgen, zu einem erwachsenen Menschen heranzuwachsen. Eine vertrackte Situation, in der er unter Umständen das Gefühl hat, für sein Erwachsenwerden müsste er die Liebe seiner Eltern opfern. Unsere Aufgabe ist, zu lernen, wie wir das Bedürfnis nach Wachstum und die Sehnsucht nach Nähe in Einklang bringen können. Wenn uns das gelingt, können wir in Freiheit unser eigenes Leben gestalten. Ich wünsche dabei gutes Gelingen!

Die Sehnsucht nach Wachstum

Sobald ein Menschenkind entstanden ist, und das ist noch weit vor seiner Geburt der Fall, hat es ein Lebensthema. Dieses Thema heißt Wachstum. Ohne Wachstum wäre das Leben nicht möglich. Es wächst körperlich, seelisch und geistig. Zu allen drei Ebenen wird unaufhörlich verwertbares Material hinzugefügt. Die körperliche Zellbildung lässt Muskeln, Organe, Haut und alles andere größer und größer werden. Seelische Eindrücke bereichern den Erfahrungsschatz und geistige Inputs lassen Klugheit und Wissen entstehen. Ein Mensch wächst nahezu unbemerkt, sobald das körperliche Wachstum abgeschlossen ist. Er reift. Er wird besser. Seine Kompetenzen nehmen zu. Dieses Grundbedürfnis drückt sich in verschiedenen sichtbaren Aktionen und Ergebnissen aus. Unser Wachstum bezieht sich häufig auf materielle Faktoren. Einige verdienen immer mehr Geld, häufen immer mehr sexuelle Erfahrungen an. Wachstum sollte mit Reifung verbunden sein. Wenn Wachstum mit Stärke und Reife verbunden ist, führt es zu einer immer größeren Unabhängigkeit. Dann wachsen Freiheit und Selbstvertrauen.

Ein solches Wachstum stößt in der Umgebung nicht immer auf Gegenliebe. Jeder, der mit uns in einem Kontakt steht, muss nämlich mitwachsen, wenn er in unserer Nähe bleiben will. Aus diesem Grund gibt es gerade unter Menschen, die sich nahestehen, Verhaltensweisen, die Wachstum verhindern. So kommt es zu Interessenskonflikten und zu bösen Konflikten. Er will in ein größeres Haus umziehen, sie will eine Weiterbildung machen. Die beiden Wachstumsbedürfnisse stoßen auseinander und ein Kompromiss muss erarbeitet werden. Das funktioniert, wenn beide sich bemühen und ihre gegenseitige Zuneigung in den Vordergrund stellen.

Viel problematischer ist die Situation, wenn einer wachsen will und die anderen nicht. Wenn der Alkoholiker in seiner Clique über die Sucht hinauswachsen will, könnten die anderen verärgert, ablehnend und vor allem mit Ausschluss reagieren. Manchmal wachsen Menschen anderen Menschen „davon“. Das löst Angst aus. Denn die Sehnsucht nach Verbundenheit wirkt ausbremsend, wenn Wachstum mit Isolation einher gehen muss.

Die Sehnsucht nach Verbundenheit

Im Vorwort ging es bereits kurz um die die Sehnsucht nach Nähe und Geborgenheit des Kindes zu seiner Mutter. Diese Sehnsucht wird uns als Menschen also buchstäblich „in die Wiege gelegt". Im Mutterleib entwickelt sich das werdende Kind normalerweise gesund und genießt und partizipiert von der unmittelbaren Verbindung zur Mutter. Kurz nach der Geburt empfindet es die körperliche Wärme, die Verbindung beim Trinken, die Berührungen und den liebevollen Umgang als wohltuend. Diese natürlichen Gegebenheiten sind für den kleinen Menschen lebensnotwendig. Er fühlt sich geborgen und hat ein Urvertrauen gegenüber seiner direkten menschlichen Umgebung. Das kleine Wesen spürt und genießt die Nestwärme.

Wie entwickelt sich die Sehnsucht nach Verbundenheit dann im Verlauf des Lebens weiter?

Teilen wir das zunächst etwas auf: Sehnsucht wird in unserem Kulturkreis oft noch als Schwäche gesehen. Eine Eigenschaft, die wir lieber nicht haben sollten, die wir uns selbst nicht gern eingestehen oder gar an uns selbst ablehnen. Wir sollten uns daher einmal eine Gegenfrage stellen: Wieso sollte unser Körper ein solch intensives Gefühl fühlen können, wenn dieses Gefühl keine Bedeutung für uns hat?

Die Sehnsucht nach Verbundenheit ist keine Schwäche. Der Glaube *alle Aufgaben und Probleme allein zu meistern* und möglichst von allen *unabhängig* zu sein, ist ein Phänomen der sogenannten westlichen Welt. Dem entgegen steht die allgemein anerkannte Erkenntnis, dass wir in einem Leben ohne Verbundenheit innerlich absterben würden.

Aber wie ist das nun mit der Verbundenheit. Wer war schon einmal auf einem Rock- oder Hardrock Konzert? Dorthin gehen meist Musikfans, die ihr Äußeres mit den Namen und Symbolen der jeweiligen favorisierten Gruppe dekoriert haben. Dies geschieht bewusst oder unbewusst in der Hoffnung, dass gleichgesinnte Anhänger uns als Fans der jeweiligen Band wahrnehmen und anerkennen. Ob ich wirklich ein echter Fan bin oder ob ich einfach nur dazu gehören will und diese Äußerlichkeiten reine Fassade sind, sieht man mir nicht an. Warum soll man mich wahrnehmen, wenn ich mich möglicherweise nur verkleide? Warum soll ich das überhaupt tun?

Der Wunsch nach Verbundenheit

Die Antwort auf diese Fragen ist die Sehnsucht nach Verbundenheit. Immer dann, wenn du mit aller Gewalt irgendwo dazu gehören willst, kann es dir passieren, dass dir früher oder später das gleiche wie den meisten passiert. Uns geht die Puste aus. Es kostet uns viel Kraft, wenn wir so tun, als gehörten wir dazu. Wenn wir uns dann auch noch teilweise selbst verleugnen, weil die eigenen Überzeugungen und Werte nicht mit denen der Gruppe, zu der wir dazu gehören wollen, übereinstimmen, dann ist es manchmal schwer auszuhalten. Wenn die harten Rocker dann merken würden, dass du in unbeobachteten Momenten lieber einen Reggea-Song summst, als einen Song der Lieblingsband, was wäre dann? Das wäre dann die Sahne auf der Torte unrockigen Benehmens. So verleugnen wir uns eine Zeit lang, werten den Teil unserer Persönlichkeit ab, der nicht zu anderen Fans passt. Wir schlagen mit dem Hammer auf unser Selbstwertgefühl, um dazu zu gehören. Wir spüren aber irgendwann, dass wir nicht wirklich dazugehören. Wir merken, dass wir nicht nur den anderen, sondern uns selbst etwas vorspielen. Ist das echte Verbundenheit? Nein.

Zu sich selbst stehen

Es kommt irgendwann der Zeitpunkt, wo wir uns fühlen, als wären wir unsichtbar gewesen. Wenn wir kein Selbstbewusstsein und kein Selbstwertgefühl haben, sind wir nicht nur für Außenstehende, sondern auch für uns selbst oft unsichtbar. Ab dem Moment, wo wir beginnen, uns bewusst zu werden, wer wir sind und was wir selbst wollen, beginnen wir uns langsam selbst wertzuschätzen. Wenn wir den Mut und die Kraft aufbringen, uns innerlich zu öffnen und nach außen hin zu vertreten, werden wir wirklich wahrgenommen von unserem Umfeld. Das kannst du dir so vorstellen, als würdest du unter deiner schwarzen Leder-Rockerjacke eine bunte Jacke mit Bob Marley Bild tragen. Erst wenn du die falsche Jacke ausziehst und zeigst, welche Musik du magst und zu welcher Fangruppe du gehörst, können auch andere Reggea-Fans sehen, dass du musikalisch zu ihnen gehörst.

Die amerikanische Psychologin Brene Brown hat vor einigen Jahren Forschungen in Bezug auf Verbunden und Scham betrieben und dabei nachgewiesen, welch starke Bedeutung Selbstakzeptanz für ein Zugehörigkeitsgefühl aufweist. Selbstakzeptanz und seine Meinung sowie Ansichten nach außen zu vertreten, bedeutet oft auch

Überwindung. B. Brown formulierte dies mit folgenden Worten „Mut beginnt damit, sich zu zeigen und sich sehen zu lassen.“ Für unser tägliches Leben heißt dies, je häufiger wir uns aus der Komfortzone wagen, desto mehr Mut entwickeln wir und umso leichter fällt uns dies nach einer Weile.

Das richtige Team

Unser Weg zu Verbundenheit führt meistens nicht geradeaus und ist auch nicht eben, sondern oft steinig und führt über Umwege zum Ziel. Wir besitzen kein inneres Navigationsgerät, dass uns den exakten Weg weist und bei dem wir möglichst noch die Route nach schöner Landschaft aussuchen können. Auch weist uns keine Navigationsstimme daraufhin, wenn wir von der Route abgewichen sind oder wenn, wir wenden sollten, weil dieser Weg eine Sackgasse ist.

Was wir besitzen, ist unser innerer Kompass und unsere innere Stimme, die uns eine grobe Richtung vorgeben. Die Intuition hilft uns, eine Orientierung zu haben. Wir spüren dadurch oft, ob etwas für uns gut ist oder ob wir uns zu etwas zwingen, was eigentlich nicht zu uns passt. Wir fühlen, dass dann irgendetwas falsch ist. Wir werden unruhig, sind oft erschöpft und fühlen uns kraftlos. Wenn wir dann innehalten und tief in uns gehen, verstärkt sich das Gefühl, dass irgendetwas nicht stimmt. Wir merken, dass etwas falsch läuft. Manchmal nehmen wir eher wahr, dass wir in eine falsche Richtung unterwegs sind, manchmal später, aber in den meisten Fällen wissen wir es irgendwann.

Was wir in vielen Fällen übersehen, ist die Tatsache, dass wir uns oft danach richten, was andere Menschen in unserem Umfeld von uns denken, oder ob sie uns mögen. Wir vertrauen in vielen Situationen unserer eigenen Intuition zu wenig und orientieren uns nach Anderen. Wir übersehen dabei vollständig, dass wir nicht wissen, was die andere denn tatsächlich denken und was sie an uns mögen. Und beeinflussen können wir das auch nicht. Charlie Kaufmann, ein amerikanischer Regisseur hat einmal formuliert: „Du bist das, was du liebst und nicht das, was dich liebt“. Dieser Satz bringt dabei gut auf den Punkt, je mehr Selbstakzeptanz und Eigenliebe wir in uns spüren, umso besser können wir Mitmenschen wahrnehmen, denen wir uns wirklich verbunden fühlen und andersherum.

Eigenliebe ist der Anfang von allem

In unserer Gesellschaft wird Eigenliebe oft mit übersteigertem Egoismus verwechselt. Damit haben wir Menschen oft ein Problem. Egoismus ist ein vom Kindesalter an negativ besetzter Begriff. Wie oft müssen sich Kinder Sätze wie diese anhören: „Sei nicht so egoistisch." oder „Denk nicht nur an dich.". Das sind Botschaften, die wir als Kinder unbewusst wahrnehmen und die langfristig dazu führen, dass die meisten von uns als Erwachsene zuerst an die Menschen in ihrem Umfeld, an Haustiere, an virtuelle Bekannte und an das Unkraut in ihrem Garten denken.

Woran wir aber nicht denken, und wem wir zu wenig Beachtung schenken, sind wir selbst. Dabei ist es längst kein Geheimnis mehr, dass wir als Partner in einer Beziehung einen anderen nur dann wirklich lieben können, wenn wir uns selbst lieben. Um herauszufinden, ob du bereits über diese Voraussetzung verfügst, solltest du dir folgende Frage stellen: „Liebe ich mich selbst?". Wenn du das nicht mit einem sofortigen und selbstbewussten „Ja" beantworten kannst, weil du innerlich zumindest Zweifel daran hast, dann solltest du etwas für dich tun. Jetzt kommen wir wieder zu dem

Punkt mit der Prägung aus der Kindheit zurück. Wie gelingt es, sich selbst zu lieben, wenn man ständig als Kind die Botschaft vermittelt bekam, dass Egoismus schlecht sei.

Du kannst mit drei Schritten viel erreichen, um deine Eigenliebe zu stärken:

Schritt 1 – Mach dich zu deiner Nummer 1

Das wichtigste was du erkennen solltest, ist die Tatsache, dass du in deinem Leben die oberste Priorität für dich hast. Nimm dir vor, dass du deine Nummer eins wirst. Wenn es dir egal ist, was andere von dir erwarten, von dir wollen oder über dich sagen, dann hast du einen großen Schritt gemacht. Wenn du für dich verinnerlicht hast, dass du nur Liebe geben kannst, wenn du dich selbst liebst, wird dies auch nach außen sichtbar werden. Lass Dir nicht einreden, dass du egoistisch bist, wenn du zuerst an dich denkst. Nur wenn es dir gut geht und du selbst genügend Energie hast, kannst du auch für andere da sein.

Schritt 2 – Hilf anderen, wenn du es willst

Bei diesem Schritt ist es wichtig, dass du unterscheidest, wenn du um Hilfe gebeten wirst, ob du dem Betreffenden in der speziellen Situation helfen willst oder ob der andere dies nur von dir erwartet. Wenn du hilfst, ohne dass du es selbst möchtest, dann ist dies keine Eigenliebe. Den Selbstwert für die Hilfe in dieser Situation ziehst du dann aus einem Helfersyndrom heraus. Deshalb frag dich besser vorher, ob du genug Energie hast, einer Person zu helfen oder ob du die Energie in dieser Situation für dich selbst benötigst. Nur wenn du wirklich helfen willst und kannst, weil du noch genügend Energiekapazität für die Hilfe hast, dann hilf. Wenn dies nicht der Fall ist, dann sag: „Nein“.

Schritt 3 – Stärke deine Eigenliebe täglich durch Worte

Der nächste Schritt in Richtung Eigenliebe ist in dieser Situation mit Selbstdisziplin verbunden. Oft sind wir uns unbewusst überzogen kritisch und wenig liebevoll gegenüber uns selbst. Wenn wir uns innerlich bestimmte Kompetenzen absprechen, wie „das schaffe ich ja sowieso nicht“, „dafür bin ich zu blöd“ oder unser Aussehen selbst negativ bewerten mit Worten wie „ich bin zu dick“, „ich bin hässlich“, dann hat dies wenig mit eigener

Wertschätzung und Selbstliebe zu tun. Es ist viel besser für unser Ego, wenn wir uns vor den Spiegel stellen und uns mit Worten selbst wertschätzen. Sätze wie „Ich liebe mich, weil…“ sind hervorragend geeignet, Selbstbewusstsein zu trainieren und die Eigenliebe zu stärken.

Du wirst nach wenigen Tagen bereits bemerken, wie sich erste Erfolge bei dir einstellen. Wenn du konsequent daran arbeitest und diese drei Schritte bei jeder Gelegenheit wiederholst, wirst du den Weg zur Eigenliebe verinnerlichen und damit die positive Wirkung auf dein Leben und dein Wohlbefinden spüren. Einige der positiven Effekte von gesunder Liebe zu sich selbst sind im Folgenden hier erwähnt:

- du wirst dich innerlich ruhiger fühlen
- du wirst dich entspannter fühlen
- du wirst glücklicher sein
- Stress und negative Ereignisse werfen dich nicht mehr aus der Bahn
- Kritik und negative Äußerungen nimmst du nicht mehr persönlich
- im Umgang mit Dir selbst bist du viel liebevoller
- in deiner Beziehung bist du viel entspannter, ein besserer Partner, weil du emotional selbstständig bist

Die Liste der Vorteile ist noch viel länger. Wenn du möchtest, nimm dir die Zeit und ergänze sie noch für dich selbst. Auch das ist ein Schritt zur Steigerung der Eigenliebe. Eines solltest du aber nicht vergessen. Je häufiger du einen oder mehrere dieser Schritte im Alltag gehst, umso schneller baust du deine Eigenliebe selbst auf. Die Realität sieht allerdings oft genug so aus, dass uns die Schritte zur Erreichung das Ziels gut bekannt sind, sie aber an einer praktischen Umsetzung letztendlich scheitern. Daher haben wir hier noch ein paar Übungen für dich vorbereitet, die du ohne Zeitverzug in deinen Alltag einbauen kannst:

Übung 1:

Wenn Du morgens aufwachst, machst du nochmal bewusst die Augen zu und sprichst sinngemäß folgendes zu dir selbst: „Der Tag kann kommen, ich freue mich darauf. Ich gehe heute liebevoll mit mir und meinem Körper um und bin dankbar und glücklich darüber, dass es mir gut geht." Du kannst diese Sätze natürlich auch abwandeln. Wichtig ist nur, dass du dir jeden Tag bewusst machst, welches Potenzial du hast, um mit dir selbst glücklich zu sein. Du wirst die Energie spüren, wenn du dir jeden Morgen etwas Eigenliebe gönnst.

Übung 2:

Verwöhne deinen Körper. Mindestens einmal in der Woche solltest du deinem Körper etwas gönnen. Wellness ist hier das Stichwort. Du kannst z.B. in die Sauna gehen und dich ganz entspannt den körperlichen Erholungseffekten dieser Wellness-Methoden hingeben. Oder du cremst deinen gesamten Körper nach einem Entspannungsbad in der heimischen Badewanne ganz bewusst und in Ruhe ein. Wichtig ist nur, dass du deinen Körper verwöhnst und dich innerlich bei ihm bedankst, dafür dass er für dich da ist und dir gute Dienste erweist. Nimm dir ausreichend Zeit dafür und mach das, was du für deinen Körper als Belohnung geplant hast, in Ruhe und ohne Zeitdruck.

Übung 3:

Der größte Feind der Eigenliebe ist die innere Stimme. Daher ist wichtig, wenn du es schaffst, dich selbst zu kontrollieren. Sobald dein innerer Kritikmodus versucht, dich negativ zu beeinflussen, dann schalte direkt in das Eigenliebe-Programm um. Wenn du negative Gedanken aufkommen spürst, dann sage dir „Stopp!“. Du bist der

Herr über deine Gedanken und du bestimmst, was du denkst. Schalte in diesen Momenten auf dein „Ich liebe mich selbst, weil..." und „Ich bin dankbar, dass es mir gut geht, weil..." um. Diese Übung ist sicher die schwierigste von den drei genannten. Dafür wirst du etwas Trainingszeit benötigen. Aber wenn du liebevoll und achtsam mit dir umgehst, wirst du auch diese Übung meistern.

Du kannst dir sicher sein, wenn du diese Übungen in deinen Alltag integriert hast und regelmäßig wiederholst und immer wieder übst, kommt irgendwann der Zeitpunkt, an dem die innere Einstellung zur Eigenliebe so ist, dass ein Umschalten automatisch stattfindet. Der Lohn deiner Bemühungen ist dann für dich spürbar, denn du musst dann nicht mehr bewusst eine Verdrängung negativer Gedanken herbeiführen. Durch deine wiederholten Übungen finden die Prozesse dann von selbst statt.

Damit du noch schneller an dein Ziel kommst und auch noch weitere Werkzeuge für die Stärkung deiner Eigenliebe hast, findest du hier noch ein paar Tipps.

Tipps für Eigenliebe im Alltag

Nimm dir Zeit für Dich

Du kümmerst dich im Alltag um alle möglichen Dinge, aber wann hast du dich mal nur um dich gekümmert? Nimm dir heute einfach mal eine halbe Stunde oder wenigstens 20 Minuten nur für dich und mache etwas, was dir guttut.

Tu dir etwas Gutes

Du hast bestimmt, anderen immer mal etwas Gutes getan. Aber wann hast du dir oder deinem Körper mal etwas gegönnt? Ändere dies. Geh mal in die Sauna, lass dich massieren oder geh schwimmen. Egal, was dir guttut, gönn es dir einfach mal.

Dankbarkeitstagebuch

Diese Übung kannst du am besten abends vorm zu Bett gehen oder nach dem Aufstehen machen. Schreib dir auf, wofür du an diesem Tag dankbar bist oder warst. Mit der Zeit wächst der Inhalt deines Buches an und du merkst, welch schöne Dinge es in deinem Leben gibt.

Behandle dich als besten Freund

Wenn du dich als deinen besten Freund siehst und auch so behandelst, dann wirst du spüren, dass dir dies im Alltag gut tun wird. Sei zuverlässig und verlässlich zu dir.

Lass los

Was auch immer in der Vergangenheit bei dir nicht so gut gelaufen ist. Welche Fehler du bei dir selbst gesehen hast. Lass die Vergangenheit los, sei liebevoll mit dir. Trauer alten Ereignissen nicht nach, hake sie ab und lebe in der Gegenwart. Du wirst dich damit besser fühlen.

Hab Geduld mit dir

Manche Dinge gelingen nicht sofort. Viele Vorhaben dauern etwas an Zeit. Gib dir die Zeit, bis du beispielsweise die Übungen so umsetzen kannst, bis du mit dir zufrieden bist. Das bedeutet nicht, dass du dein Ziel aus den Augen verlieren solltest oder dich selbst durch herumtrödeln schädigen sollst. Du darfst aber liebevoll zu dir sein und mit dir Geduld haben. Sei nicht zu streng zu dir selbst. Vielleicht hilft dir die alte Weisheit

„Es ist noch kein Meister vom Himmel gefallen“ an mancher Stelle weiter.

Lächeln als Soforthilfe

Wenn du morgens in den Spiegel schaust, lächle dich an. Wenn du im Auto oder im Bus zur Arbeit fährst, lächle mindestens einmal. Wenn du telefonierst oder direkt Kontakt zu anderen Menschen hast, lächle bewusst zwischendurch. Lächle einfach bewusst öfter in deinem Leben. Du wirst spüren, wie sich deine innere Einstellung schnell ins Positive umschlägt. Es ist wie eine kleine Medizin, die sofort wirkt, wenn du im Laufe des Tages mehrfach lächelst und dies dir bewusst machst.

Schluss mit Lebenslast

Lebenslast entsteht immer aus einer Geisteshaltung, die bereit ist, Lasten zu tragen, zu sehen und zu integrieren. Unser gesamtes Wirtschaftssystem funktioniert so. Es ist belastend, keinen Zweitwagen zu besitzen oder nicht 20 Paar Schuhe im Schrank zu haben. Wenn wir diese Last loswerden wollen, müssen wir einkaufen. Dann ist das Geld weg und kein Geld zu haben, stellt wieder eine Last dar. Wir beantragen einen Kredit. Die Last der Ratenzahlungen ist erheblich höher als die Last, die sich ergibt, wenn wir weniger Schuhe besitzen als unsere Freundinnen. Doch leider ist es nicht möglich, die Uhr zurückzudrehen. Aber es gibt Rettung. Wir kaufen ein. Wir kaufen ein und konsumieren, um die Lasten, die sich durch Kaufen und Konsum entwickelt hat, zu ertragen. Ein System zur Lebenslast. Da die meisten Menschen sich kaum Gedanken um sich und ihren Kontext machen, spielen alle mit, ohne es zu merken. Viele weisen uns ganz direkt auf unsere oder auf ihre Lasten hin. Manche belasten uns auch ganz aktiv. Hierzu gehören Personen, die sich ständig über alles beklagen müssen. Ob das Wetter zu kalt oder zu warm ist, der Kaffee heute nicht schmeckt oder der Fernseher des Nachbarn zu laut gestellt ist, immerzu betonen sie die negativen Faktoren ihres Lebens und fokussieren sich regelrecht darauf. Selbst wenn es positive Ereignisse durchaus gibt, stürzen sie sich mit Vorliebe auf das Negative. Weihnachten ist viel Arbeit, heiraten ist teuer und Kinder machen nur Dreck und Arbeit. Hier gilt es Vorsicht zu bewahren, denn negative Gedanken können durchaus auf dich abfärben und dir die Energie rauben.

Der Schlüssel zu positivem Denken liegt genau in der gegenteiligen Verhaltensweise. Es funktioniert nämlich glücklicherweise auch umgekehrt. Rufen wir uns immer wieder täglich die positiven Aspekte vor Augen, führt es dazu, dass wir uns gut fühlen da für die negativen Gedanken kein Platz mehr ist. Wir werden uns besser fühlen und mit einem positiven Mindset an unsere täglichen Aufgaben gehen, was zur Folge hat, dass wir bessere Ergebnisse erzielen und den Erfolg ordentlich genießen können. Eine glückliche Lebensführung ist also auch eine Sache der Gewohnheit.

Lebenslasten und ihre Besitzer

Wem gehört das Problem? Diese Frage sollten wir alle uns regelmäßig stellen. Wir mühen uns ab mit den Sorgen der Schwiegermutter, der Nachbarin und des halbstarken Sohnemanns. Damit sind wir eine nützliche Komponente im Leben der Anderen. Wir sind sehr beliebt und willkommen, wenn wir bereit sind, den Karren anderer Menschen zu ziehen. Ob wir immer gut zuhören können oder zu jeder Zeit bereit sind, fremde Hunde auszuführen, wir werden zu Stars, wenn wir uns ausnutzen lassen.

Dabei gibt es die ganz plumpe Variante, in der man uns immer wieder um Hilfe bittet und sich nur bei uns meldet, wenn es etwas zu tun gibt. Die Absichten dieser selbst ernannten besten Freunde durchschauen wir meist schnell und können uns relativ schnell lösen. Schwieriger wird es, wenn emotionaler Druck eingesetzt wird. Dann beginnt ein ganz gemeines Spiel, dass viele nicht einmal auf Anhieb durchschauen können. Leider ist emotionaler Druck bis hin zur emotionalen Erpressung ein sehr verbreitetes und wirksames Mittel, um den Mitmenschen das Leben schwer zu machen. Jeder Mensch lebt mit einer Last. Früher hieß es „Unter jedem Dach ein Ach".

Das Leben ist kein Ponyhof und kaum jemand kann ein sorgenfreies Leben führen. Wer wenig Geld hat, leidet unter seinem Zwang zu sparen, wer viel Geld hat, weiß nicht, wo und wie er es anlegen und investieren soll. Der Single fühlt sich einsam und der verheiratete Mann vermisst die Freiheit. Erfolgreiche Führungskräfte sehen sich überfordert und Hilfskräfte fühlen sich nicht anerkannt.

Das Leben offenbart immer zwei Seiten. Wir leben in einer ständigen Spannung aus zwei Polen. Weise Menschen mit ausreichend Lebenserfahrung sind sich darüber im Klaren. Probleme stellen Aufgaben dar, die dafür sorgen, dass eine Persönlichkeit wächst und sich entfalten kann. Leider gibt es eine große Anzahl ewiger Kinder, die sich damit nicht auseinandersetzen wollen. Sie wollen in einer dauerhaften Wolke aus Zuckerwatte und gebratenen Tauben leben und finden Lebensaufgaben ungerecht und unfair. Sie wollen einen oder mehrere Personen finden, die ihnen ihre Sorgen abnehmen. Das beginnt schon bei Arbeiten in Haus und Garten und geht über kleine Gefälligkeiten bis hin zu größeren dauerhaften Ansprüchen hinsichtlich einer Rundum-Versorgung bei Lebensproblemen. Emotionaler Druck gehört hier oft zum alltäglichen Umgang.

Frieda, 70 Jahre alt und allein, ruft ihren Sohn jeden Tag in der Mittagspause an. Dann schildert sie, wie schlecht sie schläft und dass sie kaum Appetit hat, weil sie immer allein essen muss. Ihr Kalle, ein liebevoller Mensch, hat Mitgefühl und beschließt, sie am kommenden Wochenende zu besuchen. Er rät ihr schon seit einigen Monaten zu einer Wohnung in einer Seniorenanlage, doch die Mutter will ihr zuhause nicht wechseln. Er beschließt, sie regelmäßig jeden Abend für eine halbe Stunde zu besuchen. Die Joggingrunde mit seinen beiden Laufpartnern ist vielleicht nicht so wichtig und die Ehefrau wird Verständnis haben. Doch Kalle verschätzt sich. Seine Frau fühlt sich zu wenig beachtet, die Joggingpartner laden Kalle nicht mehr zu privaten Feierlichkeiten ein. Was ist passiert? Der Haussegen hängt schief und das Privatleben leidet, weil Kalle Probleme lösen will, die ihm nicht gehören. Seine Mutter führt ein einsames Leben. Das sollte sie ändern, wenn sie darunter leidet. Kalle hat keine Verantwortung und auch keine Schuld. Die Mutter sieht das anders. „Wenn dein Vater wüsste, wie du mich behandelst." „Das ist also der Dank dafür, dass ich dir das Leben geschenkt habe." „Andere Frauen bekommen viel häufiger Besuch von ihren Kindern." Kalle bekommt ein schlechtes Gewissen. Er fühlt Druck. Das ist emotionale Erpressung. Wenn

Kalle nicht begreift, dass seine Mutter ihre Probleme allein lösen muss, wird er weiterhin ihre Ansprüche erfüllen. Das schadet am Ende ihm.

Altern ist sicher eine schwierige Aufgabe und geschieht nicht von ganz allein. Aber keinem Menschen bleibt dieser Schritt des Lebens erspart. Kalle hat diesen Prozess noch vor sich und wird ihn dann auch allein gestalten und durchleben müssen. Das Problem gehört ihm nicht. Er sollte die Finger davonlassen. Seine Lösung wäre, die Mutter so oft zu besuchen, wie er es sich selbst gegenüber verantworten kann. Entsteht der Druck, den er erlebt hat, erst einmal bei der Mutter, wird sie unter Umständen ihr Problem annehmen und lösen. Die Kunst ist, den Druck zu ignorieren. Nur so kann der Problembesitzer die Motivation erhalten, seine Angelegenheiten selbst zu regeln.

Wirklich schlimm wird es, wenn die anderen mit dem Entzug der Liebe und Zuwendung drohen. Wenn du nicht erledigst, was die anderen brauchen, bist du plötzlich nicht mehr lieb, nicht mehr „geliebt“. Wenn du ihnen nicht ihre Wünsche erfüllst, spielst du keine Rolle mehr für sie. Solche Spielchen gibt es unter besten Freunden, Eltern und Kindern, Liebespartnern. Der schwache Punkt ist das Gewissen, dass auf Schuldzuweisungen reagiert.

Bei aller Sehnsucht nach Verbundenheit und emotionaler Nähe muss das eigene Gewissen geschützt werden. Das eigene Gewissen sollte autonom bleiben, damit andere es nicht ausnutzen können.

Veränderung ist machbar

Stell dir vor, du begegnest einem Menschen, der davon überzeugt ist, dass das Leben leicht und beschwingt verlaufen kann. Ohne Sorgen, ohne Kummer und ohne das Gefühl, stets unter irgendeinem Druck zu stehen. Niemand ärgert dich und niemand macht dir das Leben schwer. Das wäre ein wundervoller Zustand, oder?

Nur leider wird es nie so weit kommen. Es sind nämlich gar nicht die anderen, die uns das Leben schwer machen, sondern wir sind es selbst.

Wir haben unsere probaten Mittel, um uns so ziemlich alles zu verderben, was man nur verderben kann. Dafür nutzen wir unsere Möglichkeiten oft gut aus. Wer eifersüchtig sein kann, der ist es auch. Wer sich Sorgen machen kann, macht sich Sorgen und wer meint, er müsste die Welt verfluchen, der wird es sich auch nicht nehmen lassen.

So hart es klingen mag, wer sein Leben als schwer und mühsam empfindet, hat einen großen Anteil daran.

Wir verfügen über fünf Möglichkeiten, uns und anderen das Leben zu vermiesen:

- Eine negative Sicht auf die Dinge

- Angst vor Liebesverlust
- Kontrollzwänge
- Klammern an Vergangenem
- Fehlende Selbstliebe

Diese Eigenschaften sind die Hauptursachen dafür, dass wir nicht entspannt und glücklich leben können wie eine Prinzessin oder ein Prinz aus dem Märchen.

Betrachten wir die fünf Grundsätze des schweren und mühsamen Lebens in aller Ruhe.

Eine negative Sicht auf die Dinge

Unsere Vorfahren prägten den Satz „Der Teufel steckt im Detail". Das mag stimmen, doch ebenso gilt „Der Teufel steckt in der Bewertung". Nun magst du verwundert sein, gerade in einer Zeit, in der alles und jeder überall hinter einer Bewertung herläuft, sie per E-Mail anmahnt, einfordert und erbettelt. „Bitte, gib mir fünf Sterne..." heißt es überall. Früher gab es für Schulanfänger Stempel oder kleine Klebebildchen, wenn eine Aufgabe besonders gut gelungen war. Heute sind es die Erwachsenen, die bewertet werden wollen, als ginge es um ihre Existenz. Handelt es sich hier um einen Rückfall ins Grundschulalter?

Ich denke, das ist nicht die Ursache. Vielmehr geben Bewertungen ein Gefühl von Orientierung. Das ist gut, das andere ist schlecht. Dieser Mensch ist nett, der andere ist nicht nett. Wir leben in einer schwarz-weißen Welt. Diese Behauptung würde jeder von sich weisen, doch sie stimmt. Bewertungen bieten uns in der oft unübersichtlichen Welt mit ihren vielen virtuellen Reizüberflutungen eine gewisse Sicherheit. Im Internet haben Bewertungsportale Hochkonjunktur. Kunden kaufen lieber ein Produkt mit fünf Sternen als eines, das noch nicht oder schlechter bewertet wurde. Was bedeutet das im Klartext? Wir lassen uns von anderen beeinflussen. Jeder Mensch hat eine gewisse Grundstimmung. Während für den einen das Glas immer halb voll ist, ist es für den anderen immer halb leer. Unsere Einstellung zu Grundfrage des Lebens entscheiden darüber, wie wir mit Krisen und mit Schwierigkeiten umgehen. Sie ist aber auch verantwortlich dafür, wie wir positive Ereignisse bewerten. Diese Grundstimmung wird bereits in der frühen Kindheit angelegt. Übervorsichtige Eltern werden ein eher kritisches und pessimistisches Kind großziehen. Sorglose, kreative und spontane Eltern werden eher ein optimistisches Kind in die Welt schicken. Eine eher düstere Haltung gegenüber dem Leben und der Umwelt sorgt dafür, dass die betroffene Person weniger leicht Kontakte knüpfen kann und vielleicht sogar Phasen der Isolation und des ungewollten Alleinseins erleben muss. In diesem Fall kann die Sehnsucht nach Kontakt und nach Verbundenheit dazu führen, dass emotionale Abhängigkeiten entstehen. Anpassung und Toleranz sowie eine überzogene Kompromissbereitschaft können die Folgen sein.

Lisa und Marie können uns als Beispiele dienen. Sie sind Freundinnen und studieren am gleichen Ort. Beide wünschen sich einen Partner. Während Lisa sich online und offline ins Getümmel stürzt, Dates wahrnimmt und hin und wieder einen One-Night-Stand zulässt, ist Marie eher vorsichtig und steht Männern allgemein kritisch gegenüber. Lisa ist mit ihren zwei Schwestern in einer Studentenfamilie groß geworden. Die Eltern ließen sich nach einigen Jahren scheiden, beide sind aber danach wieder in glücklichen Beziehungen gewesen. Lisas Schwestern haben feste Partner, mit denen sie das Leben genießen. Marie dagegen ist die Tochter eines Paares, das im hohen Alter durch künstliche Befruchtung ein Kind bekommen konnte. Kurz nach Maries Geburt hat der Vater die Familie für eine sehr viel jüngere Frau verlassen. Die Mutter reagierte auf sein Verhalten mit Verbitterung und hat Marie gegenüber keinen Zweifel daran gelassen, dass alle Männer Schweine sind. Sie prüft alle potenziellen Kandidaten schon vor dem ersten „Hallo" auf Herz und Nieren und hat an den meisten etwas auszusetzen. Lisa und Marie lernen ihre Freunde auf der gleichen Party kennen. Lisa genießt die Schmetterlinge im Bauch und verbringt die ersten Wochen im Taumel der Verliebtheit. Marie hält sich bedeckter, prüft den neuen Partner erst intensiv und hält sich auch mit Verabredungen und sexuellen Aktivitäten zurück. Als drei Monate vergangen sind, sind beide in wirklich festen Beziehungen. Lisa bleibt fröhlich und aktiv, geht auch weiterhin allein aus und sorgt dafür, dass ihre Autonomie erhalten bleibt. Marie dagegen ist sich sicher, einen so guten Partner nie wieder zu finden. Ihr Schatz, Manuel, ist ein wenig bequem und geht auch nicht gern arbeiten. Also hilft Marie ihm immer wieder mit Geld aus, wenn sie ausgehen. Sie unterstützt Manuel auch bei seiner Masterarbeit und lädt ihn häufig zum Essen ein, weil er nicht kochen kann. Als er sich in eine andere junge Frau verliebt und Marie betrügt, stürzt sie aus allen Wolken und fühlt sich in ihrer Meinung über Männer bestätigt. Auch Lisas Freund war noch nicht die letzte Wahl. Er entscheidet eines Tages, für ein Jahr nach Kapstadt zu studieren. Die beiden trennen sich einvernehmlich. Marie lebt heute bei ihrer Mutter und hat einen Lehrstuhl an der Uni. Sie vermisst eine Beziehung, hat aber Scheu, sich auf die Partnersuche zu begeben. Lisa lebt in zweiter Ehe mit einem netten Mann zusammen und hat zwei Kinder aus ihrer ersten Ehe. Marie hat mit ihrer eher kritischen Grundeinstellung zu Männern und Beziehungen eine ganz andere Herangehensweise an den Tag gelegt als Lisa. Die Ergebnisse ihrer Suche nach der Liebe haben auch mit ihrer Grundhaltung zu tun.

Eine negative Haltung ist eine elementare Lebenslast

Mit einer negativen Grundhaltung schafft sich ein Mensch immer da Probleme und Hindernisse, wo Vertrauen und Zuversicht die Mittel der Wahl sind. Der Wunsch nach Verbundenheit steht oft im Widerspruch zu einer kritischen und misstrauischen Grundüberzeugung. Zu viel Misstrauen ist dann die Ursache dafür, dass nur wenige Menschen im Umfeld geduldet werden. Wer nur einem oder zwei Menschen zu vertrauen bereit ist, wird sich diesen wenigen Kontakten gegenüber viel unterwürfiger und anpassungsfähiger verhalten müssen als jemand, der einen etwas größeren Kontaktbereich hat.

Es ist also in jedem Fall sinnvoll, ein gesundes Vertrauen in andere Menschen zu entwickeln. Eine pessimistische Grundhaltung führt außerdem zum Grübeln und damit zu einer Belastung. Pessimisten leben ständig in einer Umgebung des Mangels. Ihnen könnte das Geld ausgehen, sie könnten einsam sterben und wenn sie in Urlaub fahren würden, würden sie sicher in einem schrecklichen Hotel landen. In diesem Hotel würden sie eine Lebensmittelvergiftung bekommen und ausgeraubt werden. Sie gehen keine Risiken ein und erleben daher nicht besonders viel. Ein trauriges Leben erwartet sie.

In der Mitte liegt die Lösung

Auf der anderen Seite steht die Eigenschaft der Naivität. Wer immer und jedem vertraut und sich bereitwillig als Freund und Helfer anbietet, steht in der Gefahr, der Mülleimer für die Probleme der Mitmenschen zu sein. In diesem Fall schleppt man sich mit Mühen und Sorgen ab, die man

1. nicht lösen muss und
2. nicht lösen kann.

Ein ausgewogenes Verhältnis zwischen einem gesunden Optimismus und einer Vorsicht, die zum eigenen Schutz dient, ist daher die beste Einstellung anderen Menschen und dem Leben allgemein gegenüber.

Denke und werde positiv

Glück und Lebensqualität hängen nicht von den äußeren Umständen ab, sondern davon, wie wir diese interpretieren. So hat also jeder Mensch die Möglichkeit glücklicher zu werden und ein leichtes Leben zu führen. Glück ist also nicht davon abhängig wie beliebt du bist oder wie viele Besitztümer du hast. Also selbst wenn jemand nur über geringe Mittel verfügt und nie reich oder beliebt wird, kann er glücklich sein. Diese Erkenntnis ist essentiell für Zufriedenheit im Leben. Zahlreiche Studien beweisen, dass Menschen durch kleine Veränderungen ihrer Einstellungen und Gewohnheiten glücklicher werden.

Der Gedanke ist der Grundbaustein für die Tat. Wenn wir uns also positive Gedanken hervorrufen, werden wir dementsprechend handeln. Schwirrt in dem Kopf dagegen nur der Gedanke zu versagen, so werden wir uns schwer tun überhaupt mit etwas zu beginnen. Ein wichtiger Leitsatz für ein zufriedenes, freies und glückliches Leben ist daher:

„Ich achte auf mein Denken und wähle bewusst positive Gedanken!“

Du musst nicht jedem gefallen – halte dich von negativen Menschen fern

Zuallererst möchte ich betonen, dass es wichtig ist, negative Emotionen nicht komplett zu verdrängen! Sie haben eine wichtige Funktion und können uns auf etwas hinweisen oder vor Gefahren warnen. Sie signalisieren, dass etwas nicht ganz so rund läuft und können uns vor Schlimmeren bewahren. Deshalb sollte man sie nicht komplett ausschließen, sondern ebenfalls registrieren und hinterfragen. Sie bilden ein wertvolles Frühwarnsystem und sollten daher ganz bewusst wahrgenommen werden. Bewusstsein bedeutet aber nicht, dass sie gepflegt und gehegt werden müssen. Negative Emotionen haben eine Botschaft für uns. Sie sind wie eine Notiz, die wir wegwerfen können, wenn wir sie gelesen haben.

Generell gilt es, sich von Negativität fern zu halten, nachdem es bearbeitet wurde. Stell dir vor, deine Gedanken sind ein Glas gefüllt mit Wasser. Wenn wir nun Negativität in Form von einem Tropfen Speisefarbe in das Glas hineinschütten, wird sich das Wasser dunkel verfärben.

Je mehr Farbe wir hineingeben, desto dunkler wird der Glasinhalt. Wir benötigen eine Menge Wasser, um den

Inhalt des Glases wieder klar zu bekommen. Symbolisch gesehen steht das Wasser für positive Gedanken. Je mehr negative Gedanken uns also erreichen, desto mehr sind wir dazu geneigt negative Gedankenstrukturen zu entwickeln. Genauso verhält es sich mit positiven Gedanken.

Natürlich gibt es auch negative Menschen, von denen wir uns nicht auf Anhieb distanzieren können. Der cholerische Chef, der phlegmatische Mitarbeiter, der allein durch seine Anwesenheit schon die eigene Energie saugt und andere negative und schwierige Personen sind in unserem Alltag allgegenwärtig und meistens auch unvermeidbar.

Der passende Fokus für glückliche Menschen

Wenn man positiv denkt, erzielt man bessere Ergebnisse im Leben und ist durchweg zufriedener. Es gilt mit Situationen besser umzugehen. Negatives Denken schadet einem selbst. Dies muss man erst einmal verinnerlichen. Wichtig ist, sich nicht einfach krampfhaft etwas einzureden nach dem Motto: „Alles wird gut". Positives Denken ist eine Entscheidung. Man entscheidet sich, dass die Energie in eine positive und aufbauende Richtung fließt.

„Where the focus goes, energy flows!"

Übersetzt bedeutet es: Wo du deinen Fokus hinlegst, da wird Energie fließen.

In diesem Spruch stecken sehr viel Kraft und Wahrheit. Dieser Satz bringt es ziemlich auf den Punkt. Wenn wir also unseren Fokus auf Positives legen, da wird auch positive Energie fließen. Anstatt also sich selbst ständig zu bemitleiden, sollte man sich auf die Lösung des Problems fokussieren. Anstatt aufzuzählen was alles schiefgelaufen ist, sollte man sich darauf konzentrieren das Gute in einer Situation zu sehen und dadurch Kraft zu schöpfen, das Problem anzugehen. Das Wichtigste ist also die Frage zu beantworten, wo der eigene Fokus liegt.

Vielen ist es nicht bewusst, dass sie den falschen Weg gehen. Sie glauben, man muss nur lange genug über ein Problem nachdenken, um zu dessen Lösung zu kommen.

Ist dir schon einmal folgende Situation passiert?

Du hörst negative Dinge, die jemand über dich gesagt haben soll. Du reimst dir etwas darauf zusammen und fokussierst sich darauf. Das Resultat sind Gefühle wie Ärger oder Wut. Einige Tage später erfährst du allerdings, dass an den Gerüchten überhaupt nichts Wahres dran war. Du hast dich aber dennoch schlecht gefühlt. Es gab keine Ursache für diese schlechten Gefühle. Du hast sie selbst hervorgerufen.

Wir fühlen also das, worauf wir uns fokussieren. Ob es um eine reale oder um eine irreale Situation handelt, spielt in dem Fall keine Rolle. Das Gefühl, dass wir durch ein bloßes Hirngespinst entwickeln, ist identisch mit dem, das wir haben, wenn wir die gleiche Situation als real erleben.

Ein Beispiel: Eine Mutter denkt daran, dass ihr Kind lebensbedrohlich erkranken könnte. Sie bekommt Angst, die sie kaum aushalten kann. Jetzt stell dir vor, eine Mutter erfährt, dass ihr Kind tatsächlich lebensbedrohlich erkrankt ist. Sie reagiert ebenso mit Angst, die kaum zu ertragen ist.

Diese Arbeit mit dem Fokus ist ein unheimlich wichtiges Werkzeug, um eine erfolgreiche Lebensführung zu ermöglichen. Wer positiv denkt:

- hat mehr Freude im Job
- kann seine sozialen Kontakte besser genießen
- traut sich mehr zu
- freut sich auf die Zukunft
- ist geistig entspannter und damit leistungsfähiger
- erlebt Autonomie und innere Stärke
- genießt Herausforderungen als Entwicklungschancen.

Positives Denken ist also eine wichtige Kompetenz, um die Sehnsüchte nach Verbundenheit und Wachstum zu befriedigen.

Angst vor Liebesverlust

Schon im Vorwort wurde auf die Diskrepanz zwischen dem Bedürfnis nach Verbundenheit und dem Bedürfnis nach Wachstum hingewiesen. Es ist nicht nur ein gutes, sondern auch ein notwendiges Gefühl, von anderen geliebt zu werden. Aber du musst nicht von jedem gemocht werden. Der wichtigste Mensch, dessen Liebe du dir sicher sein solltest, bist du selbst. Die Angst, die Liebe wichtiger Bezugspersonen oder gar aller Menschen zu verlieren, ist bei manchen Individuen sehr groß. Die Stärke dieser Angst hängt mit der Prägung in der frühen Kindheit zusammen. Wenn ein Kleinkind häufiger von seiner Mutter oder einer anderen Bezugsperson ignoriert wird, fühlt es einen Schmerz. Auch strafende Blicke oder das beleidigte Schweigen, nachdem das Kind etwas getan hat, was Missfallen erregt, haben emotionale Verletzungen zur Folge.

Liebe muss bedingungslos sein und sich an der Person des Geliebten orientieren. Sie darf nicht von Handlungen, Gefälligkeiten oder Geschenken abhängen. Demnach resultiert aus der Aussage „Ich liebe dich“ keinerlei Erwartung und keine Zuweisung einer Rolle.

Wer erlebt schon bedingungslose Liebe? Eltern schicken ihre Kinder auf ihr Zimmer, weil sie etwas gesagt haben, was ihnen nicht passt. Freundschaften gehen in die Brüche, weil einer von beiden sich ein neues Hobby sucht, an dem der andere keine Freude hat. Beziehungen zerbrechen, weil es im Bett nicht mehr zu der erwarteten Erfüllung kommt. Diese Beispiele zeigen, dass es oft gar nicht um Liebe geht, sondern um Missbrauch oder zumindest um Funktionalisierung. Der andere, der, der geliebt werden will, muss ins Konzept passen. Ist das nicht der Fall, hört die Liebe auf und richtet sich auf ein Objekt, das plötzlich passender erscheint.

Um der Angst vor Liebesverlust entgehen zu können, brauchen wir ein Gefühl von Verbundenheit, dass uns von einzelnen Personen unabhängig macht.

Eigenliebe und Glaube sind lebensrettend

Eigenliebe macht uns frei! Wenn wir zu uns selbst eine gute Verbindung haben, können uns andere nicht dem Entzug ihrer Sympathie oder Liebe bestrafen. Wir leben in einer inneren Autonomie. Selbstverständlich genießen wir dann weiterhin, von unserem Partner, unseren Kindern und unseren Freunden geliebt zu werden. Doch wir sind nicht erpressbar und werden unser Selbst nicht verraten, damit wir in den Augen unserer Umgebung liebenswert bleiben können. Wir erleben und genießen zusätzlich und immer die Liebe, die wir für uns selbst empfinden. Trotzdem kommt jeder Mensch von Zeit zu Zeit in eine Krise, die aus Selbstzweifeln und nahezu zerfleischender Selbstkritik besteht. Es kann passieren, dass wir einen Fehler machen, den wir uns nicht so leicht verzeihen können. Wir treffen die falschen Entscheidungen und schaden damit uns und anderen Menschen. Wir versagen oder wir enttäuschen uns selbst. In diesen Krisen sind wir besonders anfällig für falsche Propheten. Wer uns dann Liebe vorspielt, wird unser Vertrauen vielleicht allzu schnell gewinnen können. Hier kann eine spirituelle Grundhaltung uns beschützen. Wer davon überzeugt ist, dass es eine liebende Kraft gibt, die sich nicht abwendet, ganz gleich, was wir getan haben, wird stabil bleiben können, bis er sich selbst wieder liebenswert findet.

Spirituelle Rituale und Gebete sind eine wichtige Stütze für das Leben. Die Religionen, die weiße Magie oder Reiki, Meditationslehren oder der Glaube an die Natur können solche spirituellen Inhalte bieten. Dabei geht es nicht um die Mitgliedschaft in einer religiösen Vereinigung, sondern um die Überzeugung, dass es etwas gibt, was wollte, dass du lebst. In den Augen dieser Kraft bist du gut und wichtig. Es gibt eine sehr schöne Geschichte, deren Herkunft unbekannt ist.

Ein Mann steht nach seinem Tod vor Gott. Gott fragt ihn, wie er sein Leben rückblickend betrachtet. Der Mann beklagt sich. „Ja, du warst oft bei mir. Ich sehe zwei Spuren auf meinem Lebensweg. Deine und meine. Aber in meinen schlimmsten Tagen gibt es nur eine Spur. Da hast du mich allein gelassen. Warum?“ Gott lächelt und antwortet: „Du Narr, in diesen Zeiten habe ich dich getragen.“

Früher lebten die Menschen unbewusst so, dass ihnen positive Kräfte bewusstwurden. Für ein solches Leben ist eine feste Struktur notwendig. Nicht der Job oder die Clique dürfen diese Struktur vorgeben, sondern du selbst bist gefordert, dein Leben in Bahnen zu lenken, die immer wieder einen positiven Halt ermöglichen.

Nimm dir vor, einmal in der Woche eine Zeit mit dir selbst zu verbringen, in der du dir zeigst, dass du dich liebst. Gehe deinem Hobby nach oder pflege dich, verwöhne dich, genieße dich und zeige dir, dass du dir sehr wichtig bist.

Kontrollzwänge

Zwänge entstehen, um Ängste und die Gefühle, die mit ihnen verbunden sind, zu vermeiden. Wer seinen Partner kontrolliert, befürchtet, verlassen oder betrogen zu werden. Wer seine Kinder kontrolliert, fürchtet ihr Scheitern. Die meisten Menschen kontrollieren andere Menschen, Prozesse und Ergebnisse, weil sie sich nicht darauf verlassen können, dass

1. alles gut verläuft und
2. sie damit umgehen könnten, dass einmal etwas nicht in ihrem Sinne verläuft.

Ängste und Belastungen prägen den Alltag vieler Menschen. Mit Ängsten holen wir das Gefühl einer nicht realen Begebenheit in unsere reale Gegenwart. Angst ist der Zweifel am Resultat!

Angst entsteht, wenn wir so viel Zeit haben, uns auszumalen was passieren könnte, obwohl es eventuell noch nicht einmal eintrifft. Angst ist also etwas, worauf wir uns in der Zukunft beziehen, was aber eigentlich noch überhaupt gar nicht eingetreten ist. Dadurch, dass wir ihr im Alltag Aufmerksamkeit schenken, holen wir das Problem in unsere Gegenwart und es fühlt sich so an, als wäre bereits das Worst-Case-Szenario eingetreten.

Eine wirksame Methode damit umzugehen ist, die eigenen Ängste aufzuschreiben. Einmal alle Ängste von der Seele runterzuschreiben, ist bereits eine Entlastung. Nachdem du alle Ängste aufgeschrieben hast, bekommst du das genaue Bild davon, was dich im Leben belastet. Besser gesagt, du hast einen genauen Einblick in die Angebotspalette deiner Ängste. Wenn du wissen möchtest, was deine stärkste Angst ist, kannst du deine Sorgenliste wie bei einem Ranking nummerieren. Dadurch kannst du erfahren, an welchem Aspekt du zuerst arbeiten solltest. Du kannst Kontrollzwänge nur in den Griff bekommen, wenn du deine Ängste auf ein gesundes Maß reduzierst.

Richte deinen Geist nicht auf die zukünftigen fürchterlichen Ereignisse, die du übrigens mit irrealen Ängsten auch nicht verhindern könntest. Stattdessen schreibst du deine stärksten positiven Gedanken gegen deine Ängste oder Sorgen auf. Schreibe das auf, was du wirklich möchtest. Jeder kleine Schritt zu deinem Traum wird dich zum Ziel führen. Schreibe wirklich jeden Gedanken auf, um deinen Ängsten die Stirn zu bieten.

Dies führt zur Entlastung der Seele. Die Belastung, die du täglich mit dir im Kopf herumträgst, wird dadurch in Angriff genommen.

Schreibe deine positiven Glaubenssätze täglich auf und jedes Mal, wenn du etwas dafür getan hast, trägst du einen Stern, ein Pluszeichen oder ein anderes positives Symbol in deinen Kalender ein. So visualisierst du deinen Fortschritt und motivierst dich selbst, nicht aufzugeben.

Jedes Mal, wenn du deine Angst in Gedanken für ein Weilchen überwältigen konntest, wird sie schwächer und du wirst stärker. Je stärker du wirst, umso weniger musst du kontrollieren. Kontrolle ist nämlich etwas für sehr schwache Menschen.

Ein Beispiel verdeutlicht die Zusammenhänge zwischen Kontrollzwang und konstruktiver Arbeit am Ziel: Ina ist seit drei Jahren Single und hat Angst, dass niemand sie lieben wird, weil sie unter Übergewicht leidet. Wenn sie zu einer Party eingeladen wird, geht sie nicht hin, denn sie hat Angst vor Spott und Desinteresse. Sie kontrolliert ihr Gewicht jeden Tag, ist wochenlang nur Obst und Gemüse und erliegt dann in regelmäßigen Abständen ihren Fressattacken mit Schokolode und Torte. Es ändert sich nicht wirklich etwas. Ina wird nur älter und die Ängste sowie die Kontrollzwänge werden stärker. Eines Tages beginnt sie, an einer Vision zu arbeiten. Ein netter Mann verliebt sich in sie. Vor ihrem inneren Auge bringt er ihr Blumen und eine Karte fürs Fitnesscenter. Er will abnehmen und bittet sie, ihn zu begleiten. Soweit Inas Vision. Jetzt schreibt sie alle positiven Gedanken auf, die ihr zu ihrem Bild einfallen. Außerdem meldet sie sich im Fitnesscenter an. Dafür gibt es einen Stern im Kalender. Sie geht auf Partys, denn sie ist überzeugt, dass irgendwo ihr Traummann herumsteht und auf sie wartet. Für jeden positiven Schritt gibt es einen Stern im Kalender und Ina gewinnt an Selbstbewusstsein und Freude an dem kleinen Spiel, das sie mit sich selbst spielt. Es dauert eine ganze Weile, bis es zum ersten Date kommt und Ina kontrolliert ihr Gewicht nach drei Monaten nicht mehr täglich, sondern nur noch einmal pro Woche.

Routine gegen Kontrollzwänge

Veränderungen passieren nicht über Nacht, deshalb ist der positive Fokus sehr wichtig, um mehr Motivation für sich selbst zu entwickeln. Das Ziel ist es eine automatisierte positive Umgangsweise mit Ängsten anzustreben und das erreicht man nur mit Übung, Training und Routine. Das bedeutet, Kontrollzwänge, die dich einengen, können nur durch konsequentes Gegensteuern beseitigt werden. Beachte bitte, dass deine Zwänge eine Art Struktur für dich bilden. Gib deinem Leben eine neue Struktur, die besser dazu geeignet ist, dir den Weg zu Glück und Freiheit zu ermöglichen. Wir bringen das in unsere Realität, worauf wir unseren Fokus legen. Es passiert so viel mehr Schönes als man überhaupt wahrnehmen kann. Wir müssen unser Gedächtnis und Bewusstsein dahingehend schärfen.

Als einfache Übung kann man beispielsweise jedes Mal, wenn etwas Gutes passiert, ein Cent Stück in die linke Hosentasche tun. Das macht man den ganzen Tag über und am Ende des Tages schaut man, was sich in der linken Hosentasche angesammelt hat. Und wenn nur ein Cent Stück in der linken Hosentasche landet, hat sich der Tag schon gelohnt. Bei dieser Methode zählen nur die positiven Gedanken. Somit macht man gute Dinge auch physisch greifbar und schärft seine Sinne für positive Dinge. Dadurch kann auffallen, wie viel Gutes in einem Tag liegt. Probiere es über einen längeren Zeitraum aus. Intuitiv wirst du diese Cent Münzen irgendwann nicht mehr brauchen und du wirst dich wundern, wie viel weniger Kontrolle zu inzwischen ausüben musst, um Sicherheit und positive Gefühle zu spüren.

Lass das Gute nicht einfach vorbeiziehen. Versuche es einzufangen und zu deinem Vorteil zu nutzen. Schöpfe Kraft daraus, denn jeder Tag hat was Gutes. Man muss es nur für sich selbst sichtbar machen. Positive Wahrnehmungen brauchen etwas Zeit, um verinnerlicht zu werden.

Das Aufgeben der Kontrolle ist eine Entscheidung. Situationen sind neutral. Wir sind selbst dafür verantwortlich, wie wir eine Situation interpretieren. Wenn wir uns also angewöhnen, angstfrei mit der Gegenwart umzugehen, statt die Zukunft zu fürchten, werden wir unser Gehirn auf Gelassenheit programmieren und Energie schöpfen. Es benötigt allerdings Zeit, um eine gewisse Routine zu entwickeln.

Klammern an Vergangenem

Wer kennt es nicht: Egal wieviel Gutes passiert, wenn etwas Schlechtes passiert, zieht es alles runter. Menschen können 100 Komplimente am Tag bekommen. Wenn nur einer etwas Negatives sagt, stürzen sie ihre ganze Aufmerksamkeit darauf und alle anderen Komplimente verlieren ihre Wirkung. Somit geben wir den negativen Gedanken mehr Raum als den Positiven.

Das gefährliche hierbei ist, dass unsere Gedanken zu unseren Gefühlen werden und dadurch unsere inneren Überzeugungen entstehen, aus denen wir handeln und unser Leben entwickeln. Wie für alles gibt es hier einen Grund. Eventuell ist in der Vergangenheit etwas passiert, was den Glauben in das Gute geschwächt hat. Es kann daran liegen, dass man sich daran gewöhnt hat, eher dem Negativen zu vertrauen, um nicht enttäuscht zu werden oder weil man der Überzeugung ist, dass man es selbst verdient hat so schlecht über sich zu denken. Aus vergangenen schlechten Erfahrungen können schnell unterbewusste Überzeugungen werden. Diese werden uns immer wieder blockieren und Ängste hervorrufen. Genau diese Ängste wollen wir einsetzen, um unser Leben im Griff zu behalten. Das verhindert Wachstum und

Flexibilität. Ängstliche Menschen haben weniger Möglichkeiten, neue Erfahrungen zu machen.

Wenn man also die Motivation hat, etwas Neues zu beginnen, so könnten erste Zweifel reflexartig auftreten. Sätze wie „Ich kann das nicht" oder „Ich schaff das nicht" blockieren uns bei der Verwirklichung unserer Ziele. Solche Situationen weisen darauf hin, dass vergangene Negativität immer noch ihre Wirkung zeigt.

Es gilt eine positive Entwicklung zu erzielen, um aus der Negativspirale auszubrechen. Das negative Denken fällt deswegen so leicht, weil wir es sehr früh lernen. Als Kind ist man noch nicht im reifen Bewusstsein seines Handelns. Zu dieser Zeit wurde uns bereits oft gesagt was wir falsch machen, was wir nicht dürfen und wofür wir uns schämen müssen. Unsere innerliche Reaktion darauf war, dass wir bestimmte negative Glaubenssätze in unser Unterbewusstsein gepflanzt haben und immer noch in uns tragen obwohl diese negativen Gedanken in unserer Gegenwart nicht real sind.

Diese vergangenen Erfahrungen machen uns das Leben fast unmöglich, denn wir leben mit Gefühlen aus einer Konservendose. Befreie dich von allem, was aus deiner Vergangenheit stammt und dir aktuell keinen Nutzen mehr bringt. Das beginnt bei den negativen

Glaubenssätzen und geht über alte Klamotten, Fotos, Bücher, Möbel bis hin zu Gewohnheiten. Überall, wo eine nutzlose Vergangenheit Raum einnimmt, ist kein Platz für dich selbst, für deine Gegenwart und für deine Vision von einer schönen Zukunft.

Fehlende Selbstliebe

Dein Glück und vor allem die gewünschte Leichtigkeit im Alltag kannst du nur erreichen, wenn du dein eigenes Leben führst. Das bedeutet nicht, dass du deinen Kopf und deinen Willen durchsetzen sollst. Das eigene Leben ergibt sich daraus, dass du dich gut kennst. Deine Stärken und Schwächen sollten die ebenso gut bekannt sein wie deine Sehnsüchte, Visionen und bisherigen Lernerfahrungen.

Du kannst dich nicht gut behandeln, für dich sorgen und dich durch deine Eigenliebe befreien, wenn du gar nicht weißt, wer du bist. Welche Werte prägen dich? Wofür (nicht für wen) würdest du Opfer und Entbehrungen in Kauf nehmen? Was treibt dich auf die Palme und was brauchst du, um Sicherheit zu fühlen? Erst, wenn du weißt, wen du vor dir hast, wenn du in den Spiegel schaust, kannst du dir ein eigenes und selbst bestimmtes Leben aufbauen. Solange du für dich selbst eine unbekannte Größe bist, bist du auf die Meinungen anderer Menschen angewiesen.

Erkunde dich. Finde heraus, wer du wirklich bist. Lass dich auf ein Date mit dir ein. Stell dir vor, du hast eine Verabredung mit einem Menschen, den du gern kennenlernen möchtest. Welche zehn Fragen stellst du ihm? Schreibe die Fragen auf und beantworte sie dir. So ergründest du langsam deine eigene Meinung und kannst dich frei entscheiden, und zwar in deinem Sinne.

Fehlende Selbstliebe zeigt sich an einem gewissen Maß an Desinteresse an dir selbst. Wann hast du dich zum letzten Mal um dich selbst gekümmert? Wann warst du mit dir in einem intensiven Kontakt? In erster Linie funktionieren die meisten Menschen nur. Sie tragen Verantwortung für einen Job, den sie sich nicht gewünscht haben, wohnen in einer Wohnung, die ihnen nur teilweise gefällt und essen Nahrungsmittel, die sie sich nicht gönnen, sondern leisten können. Sie befassen sich nicht wirklich mit sich selbst und verwehren sich häufig sogar Verbundenheit und Wachstum. Fehlende Liebe zu dir selbst ist eine der größten Ursachen für ein mühevolles und freudloses Leben.

Starte jetzt!

Starte am besten sofort mit deiner Veränderung. Du kannst gleich im Anschluss an dieses Buch dein Konzept erstellen und ab heute damit beginnen, deine eigene Lebensqualität zu erhöhen. Nimm dir vor, jeden Tag etwas zu tun, damit du dir:

1. besser gefällst
2. dich noch mehr liebst als bisher
3. Autonomie und Freiheit erlebst.

Besonders gut funktioniert das, wenn du dir einen Kalender besorgst, in dem du deine Schritte festhalten kannst. Auf diese Weise nimmst du deine Fortschritte wahr und wirst von Tag zu Tag mutiger, selbstbewusster und stärker.

Liebe Leserin, werter Leser,

vielen Dank, dass du dieses Buch gelesen hast. Ich wünsche dir, dass du die Impulse zu deinem Wohl einsetzen kannst und in Zukunft ein glückliches Leben hast, indem du dir selbst gefällst!

Urheberrechte